LE PÉRIGORD

AUX ACADÉMIES

PAR

JOSEPH DURIEUX

DOCTEUR EN DROIT

MEMBRE TITULAIRE DE LA SOCIÉTÉ HISTORIQUE ET ARCHÉOLOGIQUE DU PÉRIGORD

LAURÉAT DE L'INSTITUT

PÉRIGUEUX

IMPRIMERIE RIBES, RUE ANTOINE-GADAUD

1912

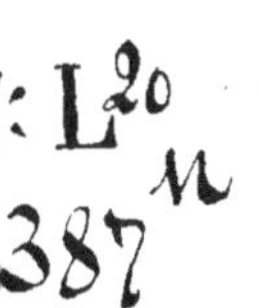

LE PÉRIGORD

AUX ACADÉMIES

PAR

JOSEPH DURIEUX

DOCTEUR EN DROIT

MEMBRE TITULAIRE DE LA SOCIÉTÉ HISTORIQUE ET ARCHÉOLOGIQUE DU PÉRIGORD

LAURÉAT DE L'INSTITUT

PÉRIGUEUX

IMPRIMERIE RIBES, RUE ANTOINE-GADAUD

1912

LE PÉRIGORD

AUX ACADÉMIES

L'Académie française, fondée par lettres royales du 2 Janvier 1635 et qui eut pour protecteur le cardinal de Richelieu, est la première en date, en importance et en gloire, des différentes académies.

L'illustre FÉNELON (1), alors précepteur du duc de Bourgogne et simple abbé, en fit partie le 7 mars 1693, et remplaça Pellisson au dix-huitième fauteuil. Il avait eu contre lui, à l'élection deux boules noires . « Pourrions-nous le croire, lit-on dans l'*Histoire des membres de l'Académie française* (tome Ier, page 306), si les registres de la Compagnie ne l'attestaient, que le jour où Fénelon fut élu, deux académiciens ne rougirent pas de lui donner chacun une boule d'exclusion ? Heureusement pour eux, et surtout pour nous qui devons être leur historien, ils seront à jamais inconnus ». Le grand écrivain, qui n'avait encore publié que deux traités sur l'Education des filles et le Ministère des pasteurs, fut reçu par Bergeret le 31 mars. Il eut pour successeur le numismate Gros de Boze en 1715.

Le 19 janvier de cette même année 1715, Henry-Jacques Nompar de Caumont DUC DE LA FORCE (2) remplaçait l'évêque Brulart de Sillery

---

(1) François de Salignac de La Mothe-Fénelon, né au château de Fénelon en Périgord (commune de Sainte Mondane, canton de Carlux, Dordogne), le 6 août 1651, fils de Pons de Salignac comte de La Mothe-Fénelon et de Louise de Lacropte de Saint-Abre. Mort à Cambrai le 7 janvier 1715.

(2) Né au château de La Force (Dordogne), le 5 mars 1675, fils de Jacques Nompar de Caumont duc de La Force et de Suzanne de Beringhen. Mort le 20 juillet 1726.

au trente-septième fauteuil ; il était reçu par l'abbé Jean d'Estrées le 28 janvier. Son successeur en 1726 fut le littérateur J. B. de Mirabaud, plus tard secrétaire perpétuel de l'Académie. — C'est le duc de La Force qui *protégea* l'Académie royale des belles-lettres, sciences et arts de Bordeaux, à laquelle il reporta l'honneur que l'Académie française lui avait fait de le recevoir parmi ses membres. Mais les bibliographies sont muettes sur les productions littéraires de ce grand seigneur académicien. C'est aussi lui le zélé bonnetier très décrié, selon Mathieu Marais, qui gagna (est-ce bien le mot ?) plus de quarante millions et dont Lagrange-Chancel a stigmatisé comme des « vols éclatants » les fructueuses spéculations. Par contre, son éloge fut prononcé à Bordeaux par Montesquieu le 25 août 1726.

Au XIXe siècle, plusieurs membres de l'Académie française, quoique nés en dehors du département de la Dordogne, se rattachent au Périgord par leur ascendance : les Ségur, M. de Féletz, le comte Louis de Sainte-Aulaire, peut-être Prévost-Paradol et certainement M. Jules Claretie.

Le comte Louis-Philippe DE SÉGUR, fils aîné du maréchal ministre de Louis XVI, occupa le vingt-quatrième fauteuil, en remplacement de l'érudit Gaillard : membre de la classe de langue et de littérature françaises en 1803, il fut nommé membre de l'Académie française par l'ordonnance royale du 21 mars 1816. Lui-même a retracé les origines de ses glorieux ancêtres : « issu d'une famille noble ancienne et militaire, dit-il, j'appartiens à une branche de cette maison établie depuis longtemps *en Périgord* » (1). Il fut officier-général, diplomate, « ambassadeur de l'esprit français » à la cour de la célèbre Catherine, grand maître des cérémonies de Napoléon Ier, sénateur de l'Empire et pair de France ; il fut en même temps historien, mémorialiste, littérateur, poète, auteur dramatique (2). Né à Paris le 11 décembre

---

(1) *Mémoires ou Souvenirs et anecdotes* (1825), tome Ier, p. 5. — La famille, originaire de Guyenne, posséda longtemps des terres dans le Périgord et le Limousin. Elle appartenait surtout à la religion réformée. Le premier de ses membres ayant joué un rôle dans l'histoire est François, seigneur de Sainte-Aulaye, qui fut le compagnon intime d'Henri IV ; son frère, le baron de Pardaillan, fut assassiné à la Saint-Barthélemy. Comte de Ségur : *Le maréchal de Ségur ministre de la guerre sous Louis XVI* (Paris, 1895). On trouve un Bernard de Ségur, damoiseau de la paroisse de Doyssac au XIVe siècle. Cf. Collection Périgord, t. 65, page 287.

(2) Les œuvres complètes de Louis-Philippe de Ségur ont été publiées en 36 volumes in-8°.

1753, il y mourut le 27 août 1830. Il avait eu la bonne fortune, exemple unique dans l'histoire de l'Académie française, de voir son fils siéger dans cette Compagnie à côté de lui pendant quelques mois.

Celui-ci, Philippe-Paul de Ségur, né et mort à Paris (1780-1873), soldat en 1800, général en 1812, aide-de-camp de l'Empereur et commandant du 3e régiment des gardes d'honneur, historien pathétique de la fameuse expédition de Russie (1), était entré à l'Académie le 25 mars 1830, comme titulaire du vingt-sixième fauteuil.

Son arrière-petit-neveu, le marquis Pierre de Ségur (2), élu le 14 février 1907 au vingt-neuvième fauteuil, a continué avec honneur les traditions héréditaires. « Votre famille, Monsieur, s'écriait M. Albert Vandal à sa réception, fait partie de l'histoire de France. Que d'ombres illustres ou intéressantes se levant du passé, semblent ici vous accompagner !... Famille d'épée et de lettres, elle a fait entrer la Grande Armée à l'Académie. Toute française d'esprit et de cœur, deux fois française, elle fut même, comme si elle eût pressenti l'actualité, un peu franco-russe. »

En 1824, l'abbé DE FÉLETZ (3) avait été vivement sollicité de poser sa candidature académique : « Mais pourquoi ne vous présentez-vous pas ? » demandait Châteaubriand. — « C'est, répliquait finement son ami, pour qu'on ne fasse pas la question contraire ». Et lui-même ajoute : « Je ne me présentai point. Deux ans après, M. Villemain me fit la même question, je lui fis la même réponse ; cependant, cette fois, je me présentai et je fus admis ». Sa place y était marquée : Féletz avait acquis, comme on l'a dit, d'excellents titres littéraires en

---

(1) Son œuvre principale, *Histoire, Mémoires et Mélanges*, en huit volumes, parut en 1873.

(2) Né à Paris le 13 février 1853, fils d'Anatole de Ségur et petit-fils de l'illustre comtesse de Ségur, née Rostopchine ; il a écrit divers ouvrages d'histoire, notamment sur le Maréchal de Luxembourg.

(3) Charles-Marie Dorimond de Féletz, né à Gumont, en Limousin (commune de Saint-Pantaléon de Larche (Corrèze), le 3 janvier 1767, « fils naturel et légitime à Messire Etienne Félés Dorimond et à Dame Catherine de Fars », appartenait à une de ces noblesses provinciales du Périgord ardentes, fortes et spirituelles, dont parle Ph. Chasles (*Mémoires* I, 239) et avait fait une partie de ses études à Périgueux chez les Doctrinaires. Il fut arrêté à Excideuil comme réfractaire en 1793 et composa à Périgueux son premier article.

Féletz est un ancien repaire noble : commune d'Aubas (De Gourgues, *Dictionnaire topogr. de la Dordogne*) ; commune de Sainte-Tric (Champeval, *Cartulaire d'Uzerche*).

jugeant ceux des autres. Il fut le premier journaliste entré véritablement comme tel sous la Coupole, où il remplaça l'ex-conventionnel Villar au vingt-huitième fauteuil (1). L'archevêque de Paris, son collègue à l'Académie, exigea qu'il parût en soutane le jour de son admission (17 avril 1827) ; car l'abbé ne put prendre sur lui, paraît-il, de reprendre l'habit ecclésiastique ni même de s'habiller de noir. « Issu d'une bonne famille du Périgord, lisons-nous dans les *Souvenirs* de M. de Viel-Castel, c'était le 10 août qu'il avait dit sa dernière messe. Il lui arriva ce qui arriva à beaucoup d'autres gentilshommes que leurs familles avaient poussés dans la carrière ecclésiastique, dans l'épiscopat même, sans qu'ils en eussent la vocation : un sentiment d'honneur les empêcha de déserter l'Église alors qu'il y avait danger à lui rester fidèle. M. de Féletz ayant refusé de prêter serment à la constitution civile du clergé fut condamné à la déportation, et ne fut délivré qu'après le 9 thermidor. Il avait donc été un *confesseur* et presque un martyr. Néanmoins les offres les plus séduisantes ne purent le décider à revenir à son ancienne profession. » Ses articles littéraires, disséminés dans la collection du *Journal des Débats* pendant vingt-cinq ans de collaboration, furent réunis en volumes par les soins de MM. Amar et Ducluzeau, celui-ci professeur « très distingué » de l'Université, son compatriote et parent (2). En 1850, l'Académie française et la bonne société perdirent avec beaucoup de regret M. de Félez, dont la longue vie, au dire de Villemain, était trop courte pour ceux qui l'avaient connu (3). Féletz avait eu à recevoir notamment Victor Cousin à l'Académie et fut le prédécesseur de Nisard.

Le comte Louis-Clair de Beaupoil de Sainte-Aulaire (4), élu le 7 janvier 1841 membre de l'Academie française, en remplacement de Pastoret, au trentième fauteuil, avait eu une carrière brillante : d'abord

---

(1) Il fut élu au cinquième tour contre Lebrun le 4 décembre 1826. *Revue rétrospective* de M. Paul Cottin, I, 247.

(2) Sur Ducluzeau, cf. *Bibliog. générale du Périgord*, I, 219.

(3) Feletz laissa pour héritiers ses petits-neveux les de Foucauld, de Dussac, canton de Lanouaille. Sa petite-nièce Pauline ou plutôt, comme dit Villemain, sa fille adoptive, épousa en 1852 le général Théodore Dupuch, natif de Mauzac qui fut autorisé, par décret du 29 octobre 1853, à ajouter à son nom celui de Féletz.

(4) Né le 9 avril 1778 au château de la Mancelière, près Baguer-Pican (Ille-et-Vilaine) et ondoyé le même jour fils de Charles-Joseph de Sainte-Aulaire seigneur de Fontenilles et de La Feuillade, et d'Egédie-Louise-Marie Bauconnet de Noyan d'Escoire, mariés au château d'Escoire en 1777, il fut baptisé

chambellan de l'Empereur (1), ensuite préfet, député et pair, il représenta la France comme ambassadeur à Rome, à Vienne et à Londres (2). Il a été conseiller général de la Dordogne pour les cantons de Jumilhac et de Saint-Pardoux-la-Rivière. Son *Histoire de la Fronde* lui ouvrit les portes de l'Académie. Déjà, au XVIIIe siècle, un de ses parents, le limousin François-Joseph de Sainte-Aulaire (3), oncle maternel du chevalier d'Aydie, avait appartenu à l'illustre Compagnie. La place laissée vacante en 1854 par la mort du comte Louis de Sainte-Aulaire fut occupée par le duc Victor de Broglie (4).

Anatole PRÉVOST-PARADOL, que Sainte-Beuve avait désigné dès 1861 comme candidat à l'Académie, succédait à Ampère le 7 avril 1865, âgé seulement de trente-cinq ans. En briguant les suffrages périgourdins aux élections générales de mai-juin 1863 pour le Corps législatif, il n'avait pas été aussi heureux. Il séjourna à Périgueux du 27 au 30 mai et, présenté dans différents cercles de la ville, il prit plusieurs fois la parole pour exposer ses idées politiques, s'énonçant avec facilité et, lit-on dans l'*Echo de Vésone* du 30 mai, avec une distinction qui est en quelque sorte le reflet de sa personne. Les électeurs ruraux,

---

à Fontenilles le 23 décembre 1779 : « L'usage voulait, écrit-il (*Papiers de famille*), que les cérémonies de mon baptême eussent lieu en Périgord, dans le chef lieu des seigneuries de ma famille ». Cela explique pourquoi plusieurs ouvrages, v. g. le tome IX du P. Anselme et de M. Potier de Courcy (2e partie, p. 874), le font naître à Saint-Méard en Périgord (Saint-Méard de Dronne, canton de Ribérac). Louis de Sainte-Aulaire passa une partie de son enfance chez son arrière-grand'mère d'Aydie au donjon de La Borie-Saunier, près Brantôme.

(1) Voir son portrait dans les *Mémoires sur la reine Hortense*, par Mlle Cochelet (tome II) et dans les *Souvenirs* de lord Blayney qui le connut à Bar-le Duc, à la préfecture de la Meuse.

(2) Consulter l'étude de M. Robert Villepelet : En marge des *Portraits de famille* du comte de Sainte-Aulaire, dans le *Bull.* de la Société hist. et arch. du Périgord, année 1911, 1re livraison.

(3) Entr'autres académiciens originaires du Limousin, mentionnons également Daniel de Priézac (de Saint-Solve), quarantième membre de l'Académie, qui avait fait à Périgueux ses études classiques. D'après M. Emile Gassier : *Les 500 Immortels*, histoire de l'Académie française (1634-1903), le Limousin a produit 8 académiciens, la Guienne 13, l'Ouest 18, Paris et l'Ile-de-France environ 180.

(4) Son fils, Albert de Broglie, également académicien et homme d'Etat, devint le gendre de M. Louis-Hector de Galard-Béarn et séjourna à La Rochebeaucourt, notamment en 1858. Cf. Doudan : *Lettres*, III, 131.

ayant remarqué ses affiches sur les murs, se persuadèrent que ce candidat n'était autre que M. Chassin-Paradol, négociant très considéré de Périgueux. Aussi, quand ils entraient dans le magasin de nouveautés de celui-ci, à l'angle des rues Salinière et d'Enfer, s'accordaient-ils à dire à M. Paradol : « *Notreis coumplimens, Moussur Parador, de ço que vous pourtas deiputat. Voutarem per vous !...* » On eut quelque peine à les détromper. La commune de Périgueux donna 318 voix à Prévost-Paradol contre 731 à M. Paul Dupont et 534 à Louis Mie. Il obtint dans la circonscription 2673 voix sur 26.128 votants, alors que le député sortant, M. Paul Dupont, patronné par le gouvernement impérial, était réélu par 14.292 voix. Dans le n° du 6 juin, M. Eugène Massoubre commentait de cette façon l'échec du rédacteur des *Débats* : « M. Prévost-Paradol, qui vient d'échouer à Périgueux, malgré l'appui du parti orléaniste, du parti légitimiste et du parti républicain, était en même temps candidat à Paris. On a remarqué que sa profession de foi aux électeurs de la Seine était beaucoup plus accentuée que celle destinée à nos concitoyens dont il avait sans doute voulu ménager le tempérament. Cette observation a été généralement défavorable au candidat de la coalition et explique la faible minorité qu'il a eue » (1).

Quoi qu'il en soit, Anatole Prévost laissait des amis parmi ceux qui avaient eu l'occasion de faire sa connaissance, et il n'oublia jamais lui-même « l'accueil fraternel » qu'il avait reçu des libéraux de la Dordogne (2).

On n'a relevé aucune allusion, d'ailleurs, à une origine périgourdine. Sa mère pourtant, Mme ou plutôt Melle Paradol, l'actrice de la Comédie-Française, devait appartenir à une branche des Paradol, de Saint-Apre, implantée dans la région d'Excideuil et dont un membre vint habiter la capitale. Née à Paris le 16 pluviôse an VI (4 février 1798), fille de Guillaume Paradol, perruquier, rue Saint-Honoré 202, et d'Anne-Baptiste Gamelon (3). Anne-Catherine-Lucinde Paradol débuta le vendredi 23 juillet 1819 par le rôle de Sémiramis dans la tragédie de Voltaire. Elle fut engagée le 1er août 1819 à compter du 1er avril suivant et nommée sociétaire le 1er avril 1823. Blessée en scène

---

(1) Communication due à l'obligeance de M. Dujarric-Descombes.

(2) Prévost-Paradol : *Quelques pages d'histoire contemporaine*, lettres politiques, 2e série (1864), p. 154.

(3) Municipalité du IVe Arrondissement. Cf. de Manne et Menetrier : *Galerie hist. de la Comédie Française* (Lyon, 1876).

au sein gauche, elle subit une opération et, malgré l'avis du chirurgien, reparut au théâtre ; mais deux ans après, en 1838, elle fut obligée à cause de la formation d'une tumeur, de prendre sa retraite (1). Elle avait épousé, au mois de septembre 1819, M. Vincent-François Prévost, chef de bataillon des ouvriers militaires de la marine en retraite, natif de Neuilly-sur-Seine. Son fils, Anatole-Lucien, fit ajouter le nom de sa mère à celui de son père, car elle l'avait élevé « avec soin et intelligence ».

Le baron Louis de Salviac de VIEL-CASTEL, dont nous avons écrit le nom à propos de Féletz, fut élu membre de l'Académie française le 1er mai 1873 par vingt voix sur vingt-et-un votants, en remplacement de Philippe de Ségur. Né à Paris en 1800, élevé à Versailles, il appartenait à une ancienne famille du Quercy qui avait des attaches en Périgord (2), notamment au château de Véziat, près de Montplaisant. Il était entré de bonne heure dans la diplomatie et devint directeur des affaires politiques au Ministère des affaires étrangères. « Pour mon compte, a-t-il écrit, je frémis en pensant à ce qu'aurait été mon existence sous cet ancien régime tant regretté par beaucoup de mes pareils. Cadet de famille, après avoir servi quelques années correctement, honorablement, mais sans éclat parce que mes goûts et mes facultés pas plus que ma position ne m'auraient donné la possibilité de sortir des rangs et de me distinguer, je me serais à trente ans, à trente-cinq ans au plus tard, retiré dans le Périgord ou le Quercy. » Son principal ouvrage, une *Histoire de la Restauration* en vingt volumes, lui mérita deux fois le prix Gobert et lui ouvrit les portes de l'Académie.

M. Jules CLARETIE, élu le 26 janvier 1888 au fauteuil de Cuvillier-Fleury, est devenu l'un des doyens de l'Académie après en avoir été l'un des plus jeunes membres. Né le 3 décembre 1840 à Limoges route de Paris, dans le vieux couvent des Augustins, il est périgourdin de race, et c'est en Dordogne surtout qu'il a grandi : « La terre natale de ma famille paternelle, a-t-il conté, c'est le Périgord. Et il y a aux environs de Sainte-Alvère un coin de pays où j'ai laissé les meilleurs souvenirs de mon enfance : c'est Ratevoul, où mon père est né, où j'ai vu mourir mon grand-père. Je revois souvent par la pensée le vieux logis, le grand orme où nichaient les pintades, les figuiers derrière le pigeonnier, la raisinière où j'allais tirer les merles ». L'éminent

(1) Archives de la Comédie Française.

(2) François de Cézac : *Souvenirs d'un volontaire de l'armée de Condé* (1909).

administrateur général de la Comédie-Française fut promu commandeur de la Légion d'honneur à l'occasion du centenaire de l'Institut.

L'Institut national est une création de la Convention. Fondé en 1795 avec mission de « recueillir les découvertes, de perfectionner les arts et les sciences », il comprend, outre l'Académie française, l'Académie des Inscriptions et Belles-Lettres, l'Académie des Sciences, l'Académie des Beaux-arts et, depuis 1832, l'Académie des Sciences morales et politiques. Au total, cinq académies.

Il nous a paru intéressant de rechercher quels Périgourdins ou quels personnages originaires du Périgord ont eu l'honneur d'entrer aux académies qui forment l'Institut de France depuis son organisation, et d'indiquer aussi ceux qui lui ont appartenu en qualité de correspondants (1).

L'Académie des Inscriptions et Belles-Lettres, composée de quarante membres comme l'Académie française, comporte en plus dix membres libres et trente correspondants nationaux.

En 1772, le ministre BERTIN DE BELLISLE (2), organisateur de la bibliothèque des Finances et créateur du Cabinet des chartes, fut élu membre de l'ancienne Académie des Inscriptions et Belles-Lettres et devint ainsi le collègue d'Augustin-Louis BERTIN DE BLAGNY, son neveu par mariage avec Bertrande-Charlotte de Jumilhac, académicien depuis 1749, à qui l'on doit plusieurs mémoires sur la vénalité des charges et des bailliages royaux.

Un siècle après, nous voyons Jean-Pierre ROSSIGNOL (3) prendre le siège d'Eugène Burnouf dans cette classe de l'Institut le 28 janvier 1853. Ce savant professa longtemps, avec autorité, la langue et la littérature grecques au Collège de France. Il toucha régulièrement ses jetons de présence, mais s'abstint de les dépenser, ne voulant rien devoir au gouvernement impérial. Il légua toute sa fortune à l'Assistance publique et l'on retrouva soigneusement étiquetées toutes les sommes qu'il avait émargées à titre académique. Le dernier lot de la vente aux enchères faite après décès se composait d'un buste d'Homère, d'une tête de mort et d'un uniforme d'académicien !

---

(1) Nous avons consulté avec profit *Le Premier siècle de l'Institut de France* par le comte de Franqueville, membre de l'Institut. Paris, 1895, 2 vol. in-4°.

(2) Henri-Léonard-Jean-Baptiste Bertin, né à Périgueux, paroisse Saint-Silain, le 24 mars 1720, ministre de Louis XV et de Louis XVI, mort à Spa le 16 septembre 1792. Sur sa carrière cf. *Henri Bertin*, par G. Bussière.

(3) Né à Sarlat le 27 janvier 1803, mort à Paris le 29 juin 1893.

Mentionnons trois Périgourdins qui figurent sur la liste des correspondants : le grand philosophe MAINE DE BIRAN (1), élu le 22 novembre 1805 par la classe d'histoire et de littérature anciennes, à laquelle fut substituée la primitive Académie des Inscriptions en 1816 ; JOUANNET (2), professeur au collège de Périgueux, élu le 18 janvier 1833 ; et Camille CHABANEAU (3), philologue et romaniste, élu le 24 décembre 1886.

L'Académie des Sciences compte soixante-huit membres répartis en onze sections, dix membres libres et cent-seize correspondants tant nationaux qu'étrangers.

Parmi les membres honoraires de l'Académie fondée par Colbert, nous retrouvons deux personnages mentionnés plus haut : H. J. Nompar de Caumont LA FORCE élu en 1718 à la place de l'abbé de Louvois qui était l'un des douze honoraires (4), et Henri BERTIN (1760).

Les deux frères créoles SAINTE-CLAIRE DEVILLE, Charles-Joseph et Etienne-Henri, nés à l'île Saint-Thomas (Antilles), se rattachent à une lignée périgourdine : « Originaire de Périgueux, la famille Deville s'était réfugiée à Bergerac à la suite des troubles de la Ligue : vers la fin du XVIIe siècle, un de ses membres s'étant fixé aux Antilles y devint le chef de la branche à laquelle appartenaient Charles et Henri Sainte-Claire Deville. » (5) L'un et l'autre firent partie de la Section de minéralogie à compter des 28 décembre 1857 et 25 novembre 1861 ; l'aîné (1814-1876) professa l'histoire naturelle des corps inorganiques au Collège de France, le cadet (1818-1881) enseigna la chimie minérale à la Faculté des sciences de Paris.

M. DE LACAZE-DUTHIERS, admis le 31 juillet 1871 dans la Section d'anatomie et de zoologie, pourrait prétendre à une place chez nos compa-

---

(1) Marie-François-Pierre Gontier de Biran, né à Bergerac le 29 novembre 1766 de Jean, docteur en médecine, et de Marie-Camille Deville, mort à Paris le 20 juillet 1824.

(2) François-Victor Jouannet, né à Rennes le 31 décembre 1765, mort à Bordeaux le 18 avril 1845.

(3) Jean-Eugène-Camille Chabaneau, né à Nontron le 4 mars 1831 de Pierre, directeur des postes, et de Marie-Geneviève Pastoureau-Vallade, mort dans la même ville le 21 juillet 1908, président du *Bournat du Périgord*.

(4) *Journal* de Dangeau, 17 décembre 1718.

(5) *Eloge historique* par J.-B. Dumas, secrétaire perpétuel, à la séance publique annuelle de l'Institut le 21 avril 1884.

triotes, car il a été maire d'Alles (1). Il s'était adonné surtout à l'étude des zoophytes : on lui doit les laboratoires de zoologie maritime expérimentale de Roscoff et de Banyuls-sur-Mer.

M. Adolphe PARADE (2), qui fut élu correspondant de la Section d'économie rurale le 25 janvier 1864, appartenait au Périgord par toute la famille de son père. Il dirigeait depuis 1838 l'Ecole forestière de Nancy qu'il anima d'une impulsion vigoureuse et où il enseigna plus de cinq cents élèves, vingt-cinq générations de forestiers (3).

Signalons, seulement à titre de curiosité, l'élection comme membre libre le 8 juillet 1816, d'un ancien préfet de la Dordogne, le baron MAURICE, d'origine genevoise.

Sur les listes de l'Académie des Beaux-Arts, pour les diverses sections de peinture, sculpture, architecture, gravure et composition musicale, un seul nom doit retenir notre attention. C'est celui de M. DE SELVES (4), élu membre libre le 8 janvier 1910, qui organisa, comme préfet de la Seine, le Petit Palais des Champs-Elysées et créa la commission du Vieux-Paris.

Nous sommes plus heureux avec l'Académie des Sciences morales et politiques qui, divisée en cinq sections de huit membres (Philosophie, Morale, Législation, Sciences économiques, Histoire) a aussi dix membres libres et soixante correspondants français ou étrangers.

Signalons d'abord le prince Charles Maurice DE TALLEYRAND-PÉRI-

---

(1) Félix-Joseph-Henry de Lacaze Duthiers, né à Estiguederne, commune de Montpezat (Lot-et-Garonne), le 15 mai 1821, décéda à Las Fons, commune d'Alles (Dordogne), le 21 juillet 1901 et fut inhumé à Banyuls.

(2) Louis-François-Adolphe Parade, né à Ribeauville (Haut-Rhin), le 11 février 1802, de Jean-Baptiste Parade, capitaine adjoint à l'état-major général, et de Henriette Beer, mort à Amélie-les-Bains (Pyrénées-Orientales) le 3 novembre 1864, inhumé à Nancy.

Son père, né à Saint-Aquilin (Dordogne) le 6 février 1764, élu capitaine au 1er bataillon de la Dordogne par les Volontaires du district de Ribérac, plus tard aide de camp, avait été tué en 1809 à la bataille d'Essling.

(3) Tassy : *M. Parade, sa vie et ses œuvres* (avec portrait en héliograv.) Paris, 1865, in-8°, 58 p.

(4) M. Justin-Germain-Casimir de Selves, né à Toulouse le 19 juillet 1848, de Jacques-Joseph-Gustave et de Marie-Elisa-Zoé de Saulses de Freycinet, est issu d'une vieille famille du Sarladais.

GORD, duc de BÉNÉVENT (1), élu le 14 décembre 1795 membre de la classe des sciences morales et politiques, nommé par l'arrêté du 28 janvier 1803 membre de la classe d'histoire et de littérature anciennes, puis par l'ordonnance du 21 mars 1816 membre de l'Académie des Inscriptions et Belles-Lettres, et enfin par l'ordonnance du 26 octobre 1832 membre de l'Académie des Sciences morales et politiques (Section d'économie politique).

Dans cette dernière section, il faut citer deux autres noms : Léonce de Lavergne et Courcelle-Seneuil.

Louis-Gabriel-Léonce GUILHAUD DE LAVERGNE, né à Bergerac le 24 janvier 1809, fils d'un receveur des droits réunis, et de Jeanne-Sophie Duguet, qui étaient d'origine confolentaise et poitevine, fut élu académicien le 30 juin 1855. Plusieurs de ses amis désirèrent beaucoup le voir entrer à l'Académie française : mais il renonça de lui-même à ce dessein (2). Il professa l'économie rurale à l'Institut agronomique, où son buste a été érigé depuis : il présida la Société centrale d'agriculture de France et a laissé des travaux littéraires estimés. C'était lui que Jasmin, le poète-coiffeur d'Agen, appelait *lou gran troubayre de flous*, et qui avait mérité de l'Académie des jeux floraux la triple récompense, dans le même concours, de la Violette, de l'Amaranthe et de l'Eglantine. Il mourut, sénateur, à Versailles le 18 janvier 1880.

Jean-Gustave COURCELLE-SENEUIL, né à Seneuil, commune de Vanxains, près Ribérac, le 22 décembre 1813, de Jean et de Marguerite Aubin-Descourades, remplaça M. Jules Garnier à l'Académie des Sciences morales et politiques le 25 mars 1882. Doyen du Conseil d'Etat, il mourut à Paris le 29 juin 1892. Il est un des grands économistes de l'école individualiste et libérale : le régime de liberté, selon son expression, c'est la mise au concours de toutes les fonctions sociales.

Un autre individualiste, M. Jean-Gabriel DE TARDE, né à Sarlat le 12 mars 1843, de Pierre-Paul et de Anne-Gabrielle-Aline Roux, ancien juge d'instruction au tribunal de sa ville natale, puis chef de bureau au Ministère de la Justice et professeur au Collège de France, succéda en décembre 1900 à M. Lévêque comme membre titulaire de la Section de philosophie. Il mourut à Paris le 12 mai 1904. Il nous

---

(1) Charles-Maurice de Talleyrand-Périgord, né à Paris le 2 février 1754, du lieutenant-général Charles-Daniel et d'Alexandrine-Marie-Victoire de Damas d'Antigny, avait passé une partie de son enfance chez sa bisaïeule à Chalais, où il apprit à lire, à écrire, et *à parler un peu le périgourdin*. Il fut quatre fois Ministre des Relations extérieures et mourut à Paris le 17 mai 1838.

(2) *Léonce de Lavergne*, par Ernest Cartier (1904), pp. 181-184.

paraît superflu de rappeler les titres éminents d'un confrère dont l'esprit d'élite a particulièrement honoré la Société historique et archéologique du Périgord (1).

Notons que M. Pierre Magne, le grand ministre périgourdin, échoua avec dix voix à la Section de politique de l'Académie des Sciences morales, quoique présenté en première ligne, contre le baron Baude, membre libre, qui fut élu le 16 avril 1859 (2).

L'Académie de Médecine, chargée de continuer les travaux de la Société royale de médecine et de l'Académie de Chirurgie, est absolument indépendante de l'Institut. Il conviendra cependant de lui consacrer ici quelques lignes.

Une ordonnance royale du jour même où l'Académie fut créée, le 20 décembre 1820, nomma associé non résidant M. LASSERVOLE, médecin ordinaire du Roi à Sarlat. Pierre Lasservole ou de la Servolle, originaire de Beaupuy, près Montignac (3), (peut-être d'Azerat où l'on trouve au XVIIIe siècle des Raffaillac, sieurs du Luc et de la Servolle, docteurs en médecine), docteur regent de la Faculté de medecine en l'Université de Paris, médecin consultant du Comte d'Artois en 1781, devint médecin ordinaire du Roi et résida à Paris, quai de l'Ecole, vis-à-vis le Pont-Neuf (4). Comme « médecin du roi des Français et de sa femme Antoinette », il signa avec Monnier et Vicq d'Azir une lettre à l'abbé Chabot, député de Loir-et-Cher à l'Assemblée nationale.

---

(1) *Bulletin* de la Soc. hist. et arch. du Périgord, année 1909, p. 532, Voir aussi Les grands philosophes : *Gabriel Tarde*, introduction et pages choisies par ses fils, préface de H. Bergson.

(2) Ad. Lair : *L'Institut et le second Empire* (1908).

(3) *L'Etat de la Médecine, chirurgie et pharmacie pour l'année 177?*, mentionne (page 349) un La Servolle, à Beaupuy, près Montignac-le-comte, médecin exerçant avec réputation. L'adresse de La Servolle le fils, un des auteurs du Nouveau dictionnaire de médecine, est indiquée chez M. le Premier médecin du Roi (Lieutaud) en Cour et à Paris, rue Christine.

Dans le Catalogue des *Theses medicæ* (Collection Süe, Ms. 412, Bibliothèque Fac. méd. de Paris), on trouve Laservolle (*Petrus*) : tome 128, th. 136, *De aere Versaliarum*. — *De conceptua menstruis*, t. 132, th. 127. Sans date. Rien dans la Collection.

D'après un registre d'examen de la Fac. de Montpellier, Petrus Raffaillac de Beaupuy *e loco Beaupuy, diocesis Petrocorensis*, passa bachelier le 24 novembre 1766.

(4) *Almanach royal de 1792*.

Le 16 juillet 1823, l'Académie élut membre honoraire un autre sarladais, Pierre GORSSE, chirurgien-major à l'hôpital militaire de Picpus à Paris, officier de la Légion d'honneur, né à Marquay (Dordogne), le 25 mai 1767. Retraité comme chirurgien principal en 1835, M. Gorsse mourut à Paris le 6 avril 1840 (1).

M. Pierre BRULATOUR, né au Breuil de Saint-Martial d'Artenset, le 5 mars 1776, a appartenu à l'Académie de Médecine en qualité de correspondant national, élu au titre de chirurgien le 17 juin 1834. Docteur à Montpellier en 1805, il professa ensuite à Bordeaux, dont il dirigea pendant plus de vingt-cinq ans l'Ecole préparatoire de médecine et de pharmacie. On lui doit l'invention d'un forceps triploïde avec branches à crochets. Décoré de la Légion d'honneur en 1845 pour ses longs et honorables services, il décéda à Bordeaux le 4 février 1858 (2), doyen des médecins de cette ville.

Trois de nos compatriotes font partie de la Section de pathologie chirurgicale : le professeur Samuel POZZI (de Bergerac), élu le 25 février 1896 (3), en remplacement du baron Hippolyte Larrey ; le Dr Jean-Joseph PEYROT (de Périgueux), qui a succédé à Péan le 5 juillet 1898 ; et le professeur Jean-Léo TESTUT (de Saint-Avit-Sénieur), élu associé national le 19 juillet 1910.

JOSEPH DURIEUX.

---

(1) Il est l'auteur d'une *Dissertation sur le sarcocèle*, thèse soutenue à Paris le 24 thermidor an XI (Paris, Chaigneau, 1803, in-4°, 32 p.) et paraît être l'auteur (en 1824) d'une étude dans le *Rec. des mémoires de médecine militaire*, t. XIV, pages 98-07, intitulée : *Observations relatives à des ulcères vénériens compliqués de pourriture d'hôpital, guéris au moyen du chlorure de soude*.

(2) Cf. Dr G. Pery : *Hist. de la Fac. de Méd. de Bordeaux* (1888), où se trouve un portrait du professeur Brulatour, d'après le buste déposé à la Bibliothèque de la Soc. de médecine.

(3) Cette année-là, le Dr Charles Mauriac (de Saint-Aquilin) retira sa candidature à la Section de thérapeutique et d'histoire naturelle. En 1889, peu de jours avant de mourir, l'illustre Ricord avait écrit à son « très cher et très aimé collègue » qu'il connaissait bien ses titres à l'Académie de Médecine : « Vous pouvez être sûr, ajoutait-il, que je serai très heureux d'y faire droit ».

www.ingramcontent.com/pod-product-compliance
Lightning Source LLC
LaVergne TN
LVHW012021170826
845678LV00004BA/1591

* 9 7 8 2 3 2 9 6 3 6 1 3 9 *